ANALIZA KSIĄŻKI

Myszy i ludzie

• • • • • • • • • • • • • • • • • •

John Steinbeck

ANALIZA KSIĄŻKI

Napisany przez Maël Tailler
Przetłumaczony przez Kâmil Kowalski

Myszy i ludzie

JOHN STEINBECK

JOHN STEINBECK

AMERYKAŃSKI PISARZ

- **Urodził się w Salinas (Kalifornia) w 1902 roku.**
- **Zmarł w Nowym Jorku w 1968 roku.**
- **Godne uwagi prace:**
  - *Tortilla Flat* (1935), powieść
  - *Grona gniewu* (1939), powieść
  - *Na wschód od Edenu* (1952), powieść

Amerykański pisarz John Ernst Steinbeck jest najbardziej znany ze swoich powieści i opowiadań. Większość z nich osadzona jest w rodzinnej Kalifornii i dotyczy trudnych warunków życia mieszkańców wsi. W czasie II wojny światowej (1939-1945) pracował także jako reporter w International Herald Tribune. Wiejska populacja. W czasie II wojny światowej (1939-1945) był także reporterem International Herald Tribune.

W 1962 roku Steinbeck otrzymał Literacką Nagrodę Nobla za całokształt twórczości literackiej. Kilka jego powieści zostało przerobionych na filmy, a te adaptacje pomogły zwiększyć popularność jego twórczości.

MYSZY I LUDZIE

ZASADNICZA ANIMALNOŚĆ LUDZKOŚCI

- **Gatunek:** nowela
- **Wydanie źródłowe:** Steinbeck, J. (2000) *Of Mice and Men*. London: Penguin.
- **1 wydanie:** 1937
- **Tematy:** przyjaźń, marzenia, Wielki Kryzys, przemoc, śmierć, bieda

Książka "Of Mice and Men" została wydana po raz pierwszy w 1937 roku i opowiada historię Lenniego Small, fizycznie imponującego, niezwykle silnego mężczyzny z problemami w nauce, oraz George'a Miltona, małego, szybkiego człowieka, którzy pracują razem na ranczu w południowej Kalifornii i są nierozłączni. Marzą o tym, by zaoszczędzić wystarczająco dużo pieniędzy, by kupić własną farmę i prowadzić na niej proste życie. Jednak świat rancza jest nieuchronnie brutalny i, choć nie miał zamiaru wyrządzić żadnej krzywdy, Lennie przypadkowo zabija żonę syna szefa, Curleya.

PODSUMOWANIE

NOWA PRACA

Dwóch pracowników sezonowych, Lenny, olbrzym z trudnościami w uczeniu się, i George, niski, inteligentny młody mężczyzna, uciekli z rancza w Weed w północnych Stanach Zjednoczonych i mieszkają teraz w Kalifornii, niedaleko odległego miasta Soledad. George postanawia spędzić noc nad rzeką i następnego ranka odwiedzić pobliskie ranczo, mając nadzieję na znalezienie pracy. To pozwala im zarobić pieniądze potrzebne do zakupu własnej farmy.

Podgrzewając puszkę fasoli, George ostrzega Lenny'ego, że jeśli zamierza wykorzystać zarobione pieniądze na realizację swojego marzenia o posiadaniu farmy, musi działać. Oznacza to, że musi przestać wkładać martwe szczury do kieszeni, trzymać się z dala od dziewczyn, a co najważniejsze, uspokoić się. Wiemy, że Lenny miał trudne dzieciństwo. Osierocony w młodym wieku, był wychowywany przez kobietę o imieniu Clara w małym miasteczku Auburn. Teraz jest uzależniony od George'a.

Następnego dnia, w pomieszczeniach sypialnych rancza, spotykają starego ranczera o imieniu Candy, szefa i jego syna Curleya, małego, nerwowego, aroganckiego mężczyznę, który natychmiast próbuje ich zastraszyć. Po wyjściu ze śpiwora Candy ostrzega ich przed Curleyem ("Curley nie ryzykuje. Zawsze wygrywa", s. 30-31) i jego żoną, która "ma oko" (s. 29). Jakby na potwierdzenie tego, co mówi, wychodzi im na spotkanie, udając, że szuka męża.

George martwi się i daje Lenniemu więcej rad, zanim wejdą Carlson i Slim, dwaj inni pracownicy sezonowi. Pies Slima właśnie miał szczeniaki i Lennie chce jednego pogłaskać. Slim zgadza się dać mu jednego.

W czasie przerwy pracownicy sezonowi grają w rzucanie podkową jak najbliżej gwoździa; osoba, której uda się trafić w gwóźdź, wygrywa grę i odłożone przez graczy pieniądze. Podczas gdy inni grają, Slim rozmawia z George'em w pokoju sypialnym, a George opowiada mu o trudnym dzieciństwie Lenniego i ich ucieczce z Weed.

Wkrótce potem Carlson wchodzi i naciska na Candy, by zabiła śmierdzącego i kulejącego psa. Starzec w końcu się poddaje i Carlson idzie ze starym chorym zwierzęciem. W tym momencie wpada Curly i mówi robotnikom, że szuka żony. Wszyscy za nim podążają, z wyjątkiem Lenny'ego, Candy i George'a. Kiedy George zaczyna rozmawiać o farmie, którą on i Lenny chcą kupić, Candy, która jest sama na świecie, postanawia dołączyć do przedsięwzięcia.

Carly później wraca i przeprasza Slima, który jest zniesmaczony przytłaczającą zazdrością. Następnie wyładowuje swoje frustracje na Lenny'm, szydząc z niego i dając mu klapsy. Lenny biernie przyjmuje bicie, nie wiedząc, jakie będą konsekwencje walki z nim, ale kiedy George każe mu zaatakować, miażdży dłoń Curly'ego. Lenny jest przerażony, ponieważ teraz obawia się, że jego marzenie nigdy się nie spełni.

NIEMOŻLIWE MARZENIE

W sobotę wieczorem, gdy George i inni udają się do burdelu Old Susy, Lennie idzie do stajni, gdzie śpi Crooks, czarny, niepełnosprawny stajenny. Nie może powstrzymać języka i zaczyna opowiadać o ich śnie, a po chwili dołącza do nich Candy i wskakuje do rozmowy. Crooks jest zainteresowany, ale nie wierzy, że ich marzenie kiedykolwiek się spełni: "Nikt nigdy nie dostanie się do nieba i nikt nie dostanie ziemi" (s. 73).

Przybywa żona Curly'ego, udając, że znów szuka męża, i pyta, co się stało z ręką. Candy i Crookes wściekają się, gdy zaczyna naśmiewać się z Lenny'ego, nazywając ich po prostu mokasynami. Wie jednak, że chroni ich status społeczny i każe im milczeć, ponieważ ich opinia nie ma znaczenia. "Nikt cię nie posłucha i wiesz o tym" (s. 80). George wraca, zły, że wyjawił Lenny'emu sekret.

Późnym popołudniem Lennie zostaje sam w stajni z martwym szczeniakiem, podczas gdy inni grają w podkowy. Próbuje to ukryć, ponieważ obawia się, że jeśli George się dowie, nie pozwoli mu opiekować się królikami na ich farmie. Żona Curleya przychodzi z nim porozmawiać i choć początkowo jest niechętny, wkrótce daje się wciągnąć w rozmowę z nią. Wyznaje mu, że chciała zostać aktorką, ale zrezygnowała z małżeństwa z Curleyem. Lennie mówi jej, że lubi głaskać miękkie rzeczy, a kiedy chce dotknąć jej włosów, odruchowo odsuwa się, zanim zmienia zdanie. Widzi w nim "duże dziecko" (s. 89) i w końcu zaprasza go do pogłaskania jej włosów.

Lennie zaczyna jednak coraz szorstko głaskać jej włosy, a kiedy młoda kobieta wpada w panikę i zaczyna krzyczeć, widzi czerwień. Próbując ją uciszyć, przypadkowo skręca jej kark. Kiedy Candy i George wchodzą i odkrywają martwe ciało młodej kobiety, wiedzą, że ich sen się skończył, ponieważ natychmiast zdają sobie sprawę, że Lennie ją zabił i że Curley będzie chciał go zlinczować. George idzie więc ukraść broń Carlsona i udaje, że przybył na miejsce w tym samym czasie, co Curley i inni, którzy właśnie odkryli ciało. Mimo wysiłków George'a, by uspokoić Curleya i uratować przyjaciela, ten nie daje się przekonać i Lennie zostaje skazany na śmierć.

Lennie wraca na brzeg rzeki, jak kazał mu George, gdyby sprawy potoczyły się źle. Czuje się winny i wyobraża sobie, że jego ciotka i wielki królik przyszli go zbesztać. George znajduje go i pociesza, opowiadając o ich gospodarstwie i mówiąc mu, że to nie jego wina. Jednak w tym samym czasie wyciąga pistolet i niechętnie, drżącą ręką, strzela przyjacielowi w szyję. Kiedy pozostali przybywają na miejsce, widzą ciało Lenniego obok George'a, który siedzi "sztywno" (s. 105) nad rzeką w milczeniu. Slim podchodzi do niego i proponuje, by poszedł się z nimi napić. Curley i Carlson nie rozumieją ich bólu.

STUDIUM POSTACI

Prosta struktura i fabuła powieści ułatwiają kategoryzowanie postaci według ich postaw i mocy, które determinują ich działania. Najsilniejszy do najsłabszego:

SZEF

Szef to mały, krępy mężczyzna, który nie dba o swoich pracowników, byleby tylko pracowali. Reprezentuje autorytet, ale w opowiadaniu pojawia się tylko raz.

CURLEY

Podobnie jak jego ojciec, któremu zawdzięcza swoją władzę, ubranie Curleya odróżnia go od robotników sezonowych: nosi buty na wysokich obcasach i rękawicę pełną wazeliny na lewej ręce, aby była "miękka dla jego żony" (s. 29).

Jest wyraźnie skłonny do zazdrości, lubi prowokować innych, spędza czas na przypominaniu pracownikom sezonowym o swoim statusie i uganianiu się za żoną. Jest nieczuły i ma kompleksy na punkcie swojej drobnej figury. Candy mówi George'owi i Lenny'emu: "Nienawidzę dużych chłopców" (s. 28). Czasami próbuje użyć siły, aby potwierdzić swoją władzę (jest lekkim bokserem), ale nikt nie widzi jego pozy i naprawdę rozumie jego władzę nad ludźmi z charakteru.

ŻONA CURLEYA

Nigdy nie poznajemy imienia żony Curleya. Jest wulgarna i nieokrzesana, ale wie, jak przyciągnąć uwagę: zachowuje się prowokacyjnie, nosi mocny makijaż i umila sobie czas flirtując z robotnikami sezonowymi. Pod tą powłoką kryje się gorycz i samotność: chciała zostać hollywoodzką aktorką, ale wyszła za Curleya, bo nikt lepszy się nie pojawił. Nie kocha męża, a gdy tylko on się odwraca, szuka innych osób do towarzystwa lub wykorzystuje swój wyższy status społeczny do poniżania słabszych od siebie, zwłaszcza Crooksa i Candy.

Kiedy zostaje sama z Lenniem, jego dziwny, ale miły wygląd inspiruje ją do zwierzeń. Kiedy prosi o pogłaskanie jej włosów, pozwala mu na to, nie tylko w nagrodę za wysłuchanie jej, ale także dlatego, że jest dumna ze swoich jedwabistych włosów. Jednak Lennie jest dla niej zbyt szorstki i przypadkowo skręca jej kark.

PRACOWNICY SEZONOWI

Pracownik sezonowy to zwykły człowiek, który nosi "niebieskie dżinsy i krótką dżinsową kurtkę" (s. 34). Ciężko pracuje, aby zarobić kilka dolców tygodniowo, a następnie spędza weekend na gorzałce i dziewczynach, aby "mieć wszystko" (s. 56). Wszyscy marzymy o lepszym życiu, ale nie jesteśmy w stanie tego osiągnąć ze względu na trudne okoliczności.

Ich siła jest względna i krótkotrwała, a bierze się z trzymania się razem: na przykład Candy i Crooksowi udaje się zachować godność dzięki krótkiemu staniu twardo przeciwko żonie Curleya. Jednak, choć czują do siebie naturalną sympatię, ich indywidualizm i strach przed utratą pracy zmuszają każdego z nich do nieufności i trzymania się z dala od innych.

Centralne miejsce w powieści zajmują robotnicy sezonowi, których można podzielić na dwie grupy:

Najsilniejszy

- **George Milton** jest "mały i szybki, o ciemnej twarzy, niespokojnych oczach i ostrych, mocnych rysach" (s. 4). On i Lennie są dwoma głównymi bohaterami opowieści. George jest inteligentnym, uczciwym, spontanicznym i hojnym człowiekiem, który wziął Lenniego pod swoje skrzydła po śmierci kobiety, która go wychowywała. Choć obaj mężczyźni różnią się pod wieloma względami, uzupełniają się wzajemnie i tworzą silny sojusz: Szybki umysł George'a i rozrzutna siła Lenniego są obaj niezbędni do ich przetrwania. Nazwisko George'a jest nawiązaniem do jednej z literackich inspiracji Steinbecka, angielskiego poety Johna Miltona (1608-1674), którego epicki poemat *Raj utracony* opowiada o upadku człowieka, a więc jest echem historii George'a i Lenniego.

- **Carlson** jest silnym, dobrze zbudowanym mężczyzną. Kiedy postanawia zabić psa Candy, nikt nie śmie rzucić mu wyzwania.

- **Slim**, skórnik rancza, jest miłym człowiekiem o głębokim głosie, który jest powszechnie szanowany. Jest osobą, która naprawdę prowadzi ranczo.

- **Whit** jest najmłodszym mężczyzną na farmie, ale z powodu swojej pracy chodzi już ze skłonem.

Najsłabszy

- **Lennie Small** jest przeciwieństwem George'a pod względem wyglądu fizycznego: to "ogromny mężczyzna, bezkształtny o twarzy, z dużymi, bladymi oczami i szerokimi, pochylonymi ramionami" (s. 4). Jest imponujący fizycznie, niepełnosprawny umysłowo i życzliwy, często porównywany do zwierzęcia ("szedł ciężko, wlokąc się trochę, tak jak niedźwiedź wlecze łapy", *tamże*) lub dziecka ("Sure he's jes' like a kid", s. 44). Jest niewinny, niezdarny, wrażliwy i nieinteligentny, polega na George'u, ponieważ nie jest zdolny do samodzielnego życia. Jest niezaprzeczalnie najsilniejszym człowiekiem na ranczu, fizycznie rzecz biorąc, ale jego naiwność i brak inteligencji często pozostawiają go bezbronnym (George jest wyraźnie dominującą postacią w ich przyjaźni i obwinia go za wszystkie ich problemy, Curley bierze swój gniew na niego). Jego nazwisko kontrastuje z jego siłą i wskazuje na jego fundamentalną słabość.

- **Candy** jest starym człowiekiem z białą brodą, który został zniszczony przez życie. Stracił lewą rękę podczas pracy, przez co może teraz wykonywać tylko prace domowe, jest też za stary, by towarzyszyć innym, gdy idą do miasta. Boi się samotnej śmierci, bo wie, że kiedy stanie się ciężarem, nie zostanie uśpiony w swojej niedoli, tak jak Carlson zrobił to dla swojego psa.

- **Crooks**, czarny, niepełnosprawny stajenny, znajduje się na samym dole hierarchii rancza. Z powodu swojej rasy jest postrzegany jako gorszy i poddawany ostracyzmowi: jako jedyny śpi w stajni, gdzie nie chodzi żaden inny pracownik sezonowy (Lennie jest pierwszy), nikt z nim nie rozmawia, a inni mężczyźni nie dopuszczają go do swoich gier karcianych, twierdząc, że śmierdzi. Jest jednak najlepszy w rzucaniu podkówkami i jedyny, który czyta książki.

ANALIZA

STEINBECK I JEGO CZASY

Wielki Kryzys

Historia George'a i Lenny'ego to fikcja, ale kryjąca się za nią Wielka Depresja jest prawdziwa, najgorsza depresja XX wieku. Krach na Wall Street z 24 października 1929 roku pogrążył większość świata w trwającej dekadę recesji. W tym okresie Stany Zjednoczone doświadczyły gwałtownego wzrostu bezrobocia, wzrostu ubóstwa oraz głębokich zmian społecznych i gospodarczych.

Kryzys szczególnie mocno dotknął amerykańskich farmerów, gdyż Wielki Kryzys spowodował gwałtowny spadek cen zbóż i doprowadził do 60% spadku produkcji rolnej. Wielu farmerów zostało zrujnowanych i straciło swoje gospodarstwa.

Te trudne warunki zostały zaostrzone przez bezprecedensową klęskę żywiołową znaną jako Dust Bowl. Był to okres dotkliwych susz i burz piaskowych, które nawiedziły wielkie równiny Ameryki Środkowej. To zrujnowało uprawy i w połączeniu ze skutkami Wielkiego Kryzysu pozostawiło wielu drobnych rolników w nieładzie.

Robotnicy rolni byli zmuszeni opuścić swoją ziemię i udać się do Kalifornii, która była postrzegana jako "ziemia obiecana" ze względu na umiarkowany klimat i dobrze prosperujące gospodarstwa owocowo-warzywne. Steinbeck skupił się na tym exodusie, który przywiódł ponad milion farmerów do Kalifornii w latach trzydziestych, w swojej najsłynniejszej powieści *"Grona gniewu"*. Ta ogromna siła robocza umożliwiła właścicielom znaczne obniżenie płac, zmuszając rolników do ubóstwa. Oznaczało to, że podczas Wielkiego Kryzysu robotnicy rolni często padali ofiarą tego samego pesymizmu i fatalizmu, który wykazywali bohaterowie *Myszy i ludzi*.

Tłem tej historii był kryzys gospodarczy i odpływ robotników rolnych. Historia George'a i Lenny'ego pokazuje trudy tych migrujących pracowników i ich liczne marzenia. Znajdź pracę i zarabiaj wystarczająco dużo pieniędzy, aby być niezależnym.

Behawioryzm

Behawioryzm jest gałęzią psychologii rozwiniętą w Stanach Zjednoczonych na początku XX wieku przez psychologa Johna Broadusa Watsona (1878-1958) i polega na obiektywnej obserwacji ludzkich zachowań. Jest to forma psychologii behawioralnej, a behawioryści uważają, że najlepszym sposobem analizy stanu psychicznego danej osoby nie jest badanie myśli i uczuć, ale uwzględnienie zewnętrznych zachowań i postaw.

Wielu pisarzy z początku XX wieku, w tym Steinbeck, było pod wpływem aktywizmu. Odgrywa ważną rolę w większości swoich powieści, wyróżnia się też realizmem. Opisuje poczynania bohaterów bardzo dokładnie i obiektywnie, a trzecioosobowy narrator relacjonuje wydarzenia z opowieści w pełni rzetelnie. Uderzający tego przykład pojawia się na początku powieści, kiedy po raz pierwszy poznajemy George'a i Lenny'ego. Nie możemy rzucić okiem na ich myśli, więc nie możemy wiedzieć, kim są ani co myślą, ale na podstawie tego, jak są przedstawiani, możemy określić ich ważne cechy osobowości.

Kiedy po raz pierwszy spotykamy George'a i Lenniego, idą oni "w jednym szeregu" (s. 4), a George, bardziej dominujący z dwóch mężczyzn, prowadzi. Sprawia wrażenie dynamicznego i pewnego siebie ("Każda jego część była określona", *tamże*), a jego "niespokojne oczy i ostre, mocne rysy" (*tamże*) sprawiają wrażenie, że jego życie nie było łatwe. Z kolei Lennie wydaje się być postacią łagodniejszą: podąża za George'em, pozornie nie wiedząc lub nie dbając o to, dokąd idą, ma "bezkształtną" twarz i "pochylone ramiona" (*tamże*). Ma "ciężki chód, trochę się wlecze", a jego ręce "[nie] kołyszą się u jego boków, ale [wiszą] luźno" (*tamże*). Steinbeck stosuje bardzo "wizualny" styl pisania dla tego opisu.

Nie znamy szczegółów dotyczących przeszłości ani osobowości żadnego z bohaterów, ale takie opisy postaw dają nam natychmiastowe wyobrażenie o tym, jakim jest człowiekiem. Czasami zachowuje się onieśmielająco. "Jego ręce stopniowo zginały się w łokciach, a dłonie zaciskały w pięści. Zesztywniał i przykucnął trochę. Jego spojrzenie było wyrachowane i bojowe" (s. 27). Narrator nie mówi, że Curly jest arogancki lub podejrzliwy, ale jego napięta, agresywna postawa i wrogie spojrzenie wiele mówią o jego osobowości.

Narrator pozostaje rzeczowy, bez wglądu w myśli bohaterów, ale tekst nigdy nie jest wolny od emocji, odzwierciedla niejednoznaczną relację. Pomimo twierdzeń George'a, że jest inaczej (mówi na początku powieści, że żałował, że nie ma Lenny'ego), ich przyjaźń jest bardzo silna, a fakt, że istnieje, czyni ich związek jeszcze poważniejszym.

LUDZKOŚĆ I ZWIERZĘCOŚĆ

Tytuł powieści inspirowany jest fragmentem z wiersza szkockiego poety Roberta Burnsa (1757-1796) "To a Mouse": "The best-laid schemes o' mice an' men/Gang aft agley" (często parafrazowany w języku angielskim jako "the best-laid plans of mice and men often go awry"). Tytuł ten sugeruje, że ludzie i zwierzęta są zasadniczo podobni (wrażenie to wzmacnia aliteracja "myszy" i "ludzi", która symbolicznie łączy oba gatunki) i że mimo naszych pretensji, w głębi duszy wszyscy jesteśmy zwierzętami.

To porównanie powtarza się w całej powieści:

- Wygląd Lenniego, brak inteligencji i impulsywność inspirują narratora do porównania go do niedźwiedzia (s. 4 i 98), konia (s. 4) i psa (s. 71);

- mężczyźni są często porównywani do psów, szczurów (George opisuje żonę Curleya jako "a rattrap if I ever seen one", s. 34) i królików;

- kobiety są często porównywane do kur lub do kurczaków (s. 78).

Dwa wątki powieści wzmacniają tę paralelę:

- Szczeniaki Slima. Slim jest zmuszony zabić najsłabszą połowę miotu szczeniąt, aby pozostałe mogły przeżyć. Ponadto ciało żony Curleya leży na podłodze stajni obok szczeniaka, którego przypadkowo zabił Lenny.

- Candy to stary, zniedołężniały pies. Podobnie jak jego czworonożny towarzysz, Candy kuleje po ranczu, ale nie zostanie odstawiony na boczny tor, gdy zacznie być ciężarem dla innych. Crooks jest ostracyzowany, ponieważ inni mężczyźni mówią, że śmierdzi (śpi w stajni, z dala od innych mężczyzn), ale to zapach psa, który napędza Carlson go zabić. Crooks jest więc pośrednio porównywany do psa.

FORESHADOWING W POWIEŚCI

Kilka elementów wyznacza tragiczne zakończenie powieści. Ten determinizm narracyjny przekazuje pesymistyczny pogląd na świat, ale pozostaje promyk nadziei.

Pod koniec opowieści czytelnik jest zachęcany do uwierzenia, że marzenie George'a i Lenny'ego wciąż może się spełnić. W miarę rozwoju przyszłej społeczności jej marzenia wydają się urzeczywistniać. Dlatego zachęca się czytelników, by pokładali w nich nadzieję, a powieść podąża za George'em i Renee, by uciec przed losem swoich kolegów rolników. Sprawia wrażenie, że jest to możliwe.

Istnieje jednak szereg wskazówek, które podpowiadają tragiczne zakończenie powieści:

- **Tytuł**. Czytelnicy znający wiersz Burnsa będą wiedzieli, że jest on pesymistyczny.

- **Bohaterowie powieści i przedstawiony w niej świat,** który charakteryzuje się przemocą, biedą i indywidualizmem. Tworzą one łańcuch opresji, który nieuchronnie kończy się przerwaniem jednego z jego ogniw. Przyjaźń George'a i Lenniego jest wyjątkiem od tej reguły i znamienne jest to, że zostaje ona przerwana od środka: George zabija Lenniego, ale mógł z nim uciec.

- **Nazwisko George'a** (Milton). To intertekstualne nawiązanie podpowiada, że farma, o której zakupie marzą bohaterowie, to także "raj utracony".

- **Lennie**, który nieumyślnie wyrządza krzywdę i jest wielokrotnie ostrzegany przed swoim zachowaniem przez pozostałych bohaterów, zwłaszcza George'a. Zasady, których musi przestrzegać, wydają się dość proste: ma milczeć, unikać kobiet i uważać na słabsze istoty (np. szczeniaki). Jednak jego wielkość, siła i impulsywność uniemożliwiają mu przestrzeganie zasad. Pod koniec powieści dowiadujemy się, że sprawiał problemy na ranczu w Weed, gdzie żył we wspólnocie z innymi mężczyznami. Z czasem jego nieodpowiednie zachowanie ma coraz poważniejsze konsekwencje: zabija mysz, potem szczeniaka, następnie kobietę, zanim sam zostaje zabity.

- Na poziomie tekstowym jest kilka **pozornie proroczych fragmentów**:

  ○ Mrok, który stopniowo przenika stajnię pod koniec powieści, zapowiada tragiczne wydarzenie (śmierć żony Curleya, która kładzie kres marzeniom Lenniego).

  ○ Jeśli opis okolic rzeki porównać do początku powieści, to zapowiada on zakończenie powieści. Początkowo naturalne otoczenie George'a i Lenniego wydaje się spokojne i harmonijne, a liczne opisy wzmacniają to wrażenie: "wierzby świeże i zielone z każdą wiosną" (s. 3); "ścieżka mocno ubita przez chłopców schodzących z rancz, by popływać w głębokim basenie" (*tamże*) itp. Pod koniec powieści sceneria ta uległa zmianie, gdyż harmonia między gatunkami ustąpiła miejsca gwałtownej walce (czapla zjada węża, zanim zostaje przepędzona przez Lenniego), a uśpione życie zastąpiła spokojna śmierć: "zapadł przyjemny cień", "brązowe, suche liście na ziemi" "A rząd za rzędem maleńkich fal wiatru płynął w górę zielonego basenu" (s. 98).

Powieść zawiera więc liczne wskazówki, że jej bohaterów spotka tragiczny koniec. Stanowi metaforę społeczeństwa, w którym każdy ma marzenia, które nigdy się nie spełnią.

POWIEŚĆ TEATRALNA

Of Mice and Men był natychmiastowym sukcesem, gdy został opublikowany w 1937 roku, a reżyser George S. Kaufman (1889-1961) wkrótce zaproponował Steinbeckowi adaptację na Broadwayu. Ta sztuka była również hitem, z 207 przedstawieniami i nagrodą za najlepszą sztukę w 1938 roku od New York Drama Critics' Circle.

Biorąc pod uwagę, że Myszy i ludzie jest dziełem hybrydowym, mającym cechy zarówno powieści, jak i dramatu, sukces adaptacji nie dziwi. Chociaż jest to powieść, ma strukturę, którą można dostosować do sceny przy minimalnych zmianach. Jeden z krytyków nazwał nawet tę książkę "sztuką powieściową".

Hybrydowość powieści widać wyraźnie w formie narracji. Ponieważ Steinbeck posługuje się obiektywnym narratorem trzecioosobowym, czytelnik wchodzi w rolę widza i obserwuje rozwój wydarzeń, jakby książka była sztuką teatralną. Jest tu też spora ilość dialogów, którym towarzyszą fragmenty narracji tak krótkie, że przypominają wskazówki sceniczne. Scena, w której poznajemy żonę Curleya, która od razu przyjmuje zalotną pozę, doskonale ilustruje to podejście:

"'Och!' Założyła ręce za plecy i oparła się o framugę drzwi tak, że jej ciało było wyrzucone do przodu.

'Jesteście nowymi kolegami, którzy dopiero co przyszli, prawda?

'Tak.'

Oczy Lenniego przesunęły się w dół po jej ciele i choć nie wydawało się, że patrzy na Lenniego, lekko się zająknęła. Spojrzała na swoje paznokcie.

'Czasami Curley tu bywa' – wyjaśniła. [...] Uśmiechnęła się łukowato i drgnęła ciałem. „Nikt nie może winić człowieka za to, że patrzy' – powiedziała. Za nią rozległy się kroki, przechodzące obok. Odwróciła głowę."
(str. 32-33)

Ponadto powieść dotyczy dwóch z trzech jednostek dramatu klasycznego: jedności miejsca (cała historia rozgrywa się na ranczo) i jedności fabuły (historia ma główny wątek, który stopniowo się załamuje). Sen George'a i Lenny'ego. Jednak jednostka czasu nie jest zachowana. Choć zasady określają, że przedstawienie musi odbyć się w ciągu 24 godzin, wydarzenia powieści rozgrywają się na przestrzeni trzech dni. Wreszcie, z przewidywanym od początku tragicznym zakończeniem powieści, a Steinbeck rzuca coraz więcej wskazówek na temat zbliżającej się katastrofy (śmierć żony Carly i Lenny'ego), historia ma gęstość i determinizm klasycznego dramatu.

Bez względu na to, co zrobią, bohaterowie są skazani na zagładę i choć na początku powieści są pełni nadziei, wkrótce zdają sobie sprawę, że nie mogą wyprzedzić swojego przeznaczenia: ich raj jest stracony, a dobre intencje Lenniego nie wystarczą, by uchronić go przed problemami, które sam powoduje.

Myszy i ludzie to przede wszystkim historia niezachwianej przyjaźni dwóch głównych bohaterów, której siła wynika z jej prostoty i trudnych okoliczności, w jakich powstała. Siła powieści tkwi w jej emocjonalnym rezonansie, co czyni ją niezaprzeczalnym klasykiem literatury amerykańskiej.

DALSZA REFLEKSJA

KILKA PYTAŃ DO PRZEMYŚLENIA...

- Wyjaśnij tytuł powieści.

- Co opisy fizyczne bohaterów powieści zdradzają o ich osobowościach?

- Jak w powieści przedstawiony jest obraz kobiet? Czy jest on taki sam jak w innych utworach Steinbecka?

- Wskaż i wyjaśnij porównania między ludźmi a zwierzętami, które powtarzają się w całej powieści.

- Jak powieść odzwierciedla kontekst historyczny, w którym została napisana (lata 30. XX wieku)?

- Czy Twoim zdaniem Steinbeck przedstawia kondycję ludzką w sposób optymistyczny czy pesymistyczny? Wyjaśnij swoją odpowiedź.

- Dlaczego George i Lennie postanowili opuścić ranczo w Weed?

- Kilka elementów nawiązuje do tragicznego zakończenia utworu. Czym są.

- Twoim zdaniem, dlaczego George zabija Lenniego na końcu powieści?

- Nakreśl główne różnice między George'em i Lenniem.

PRZECZYTAJ TAKŻE

WYDANIE REFERENCYJNE

Steinbeck, J. (2000) *Of Mice and Men*. London: Penguin.

ADAPTACJE

Steinbeck, J. (1937) *Of Mice and Men* (sztuka teatralna). Pierwsze przedstawienie w Music Box Theatre, Broadway w 1937 roku.

Of Mice and Men. (1939) [Film]. Lewis Milestone. Dir. USA: Hal Roach Studios.

Floyd, C. (1969) *Of Mice and Men* (opera). Po raz pierwszy wystawiona przez Seattle Opera w 1970 roku.

Of Mice and Men. (1992) [Film]. Gary Sinise. Dir. USA: Metro-Goldwyn-Mayer (MGM).

Chcemy usłyszeć od Ciebie, co się dzieje!
Zostaw komentarz na temat swojej internetowej biblioteki
i podziel się swoimi ulubionymi książkami w mediach społecznościowych!

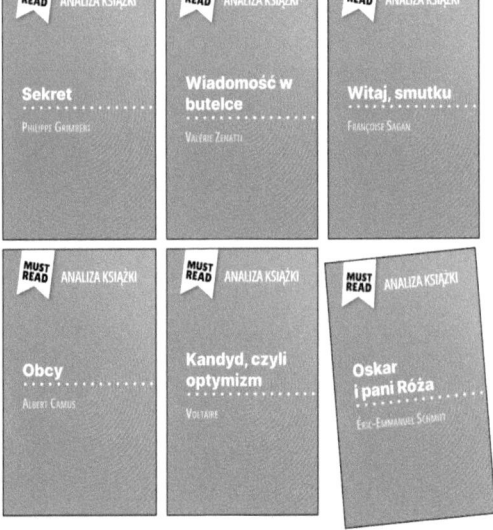